BÉISBOL

Alberto Silva Aristeguieta

CONTENIDO

PRÓLOGO

Estos apuntes son el producto de varios años de interés por este deporte y están dirigidos a personas que quieran mejorar su conocimiento sobre la historia y algunos otros aspectos del béisbol, particularmente del béisbol de grandes ligas.

Expuesto de manera muy sencilla, en muy pocas páginas, se pueden enterar de cómo se originó y cómo ha evolucionado el béisbol, cuáles son las principales estadísticas que se utilizan, cuáles son las estrategias que funcionan y quienes han sido las principales figuras de este deporte, incluyendo a los mejores jugadores latinos. Se incluye también un apéndice con las principales reglas básicas del béisbol.

EL JUEGO DE BÉISBOL

Los orígenes del juego de béisbol no están totalmente claros, pero se cree que su principal antecesor es el juego de *rounders,* que nunca llegó a ser verdaderamente competitivo y posiblemente se comenzó a practicar en Inglaterra en el siglo XVI, pero del que la primera referencia escrita data de 1744, en un folleto titulado *A Little Pretty Pocket-Book* (Un Pequeño y Hermoso Libro de Bolsillo). Se trataba de un juego con un bate y una pelota, disputado entre dos equipos con 6 a 15 jugadores cada uno. No se conoce bien la evolución de este juego, pero con el tiempo se sabe que no solo se parecía al béisbol por jugarse con un bate y una pelota, sino que se disponían también cuatro bases en el terreno y la idea era que un corredor pudiese recorrer las cuatro bases sin ser puesto *out*. El número de jugadores por equipo se estableció luego en nueve y se adoptaron otras reglas que lo asemejan mucho al béisbol. El juego de *rounders* todavía es popular en los colegios de Inglaterra e Irlanda.

Por mucho tiempo se creyó que el béisbol había sido inventado en 1839 por Abner Doubleday en Cooperstown, un pequeño pueblo, entonces con menos de 1500 habitantes, situado a poco menos de 200 millas (unos 300 Km) de Nueva York, pero recientemente se ha comprobado que esa idea era falsa. Un siglo después de la supuesta creación del deporte, cuando todavía no se había comprobado la falsedad del mito, se estableció en Cooperstown el Salón de la Fama del béisbol, donde todavía permanece.

La verdad es que el juego de *rounders* pasó a los Estados Unidos después de la independencia de este pais y se transformó entonces en el béisbol. El béisbol nació realmente en Nueva York y las primeras referencias a juegos de este deporte en Manhattan son de 1823, aunque no fue sino en 1840 que se dispusieron las bases en un cuadrado, con una separación entre ellas de 90 pies (27,43 m), que curiosamente todavía se mantiene y ha demostrado ser muy adecuada a pesar de los grandes cambios que ha tenido este deporte.

En 1845 se escribieron las primeras reglas del béisbol y, aunque éstas sufrieron cambios muy importantes en la segunda mitad del siglo XIX, ya el juego se llevaba a cabo no solo con distancias regulares entre las bases sino con el límite de tres *strikes* por bateador y nueve jugadores en el campo. Los defensores de cada base se colocaban sobre la base cuando el pitcher lanzaba, pero pronto aprendieron que podían cubrir más terreno separándose de éstas. En 1857 se inventó la posición de *short stop* y en 1863 se permitió el robo de base.

Antes de 1870 se jugaba sin guantes; la introducción

del guante fue lenta y se generalizó sólo a mediados de la década de 1890. Los *pitchers* lanzaban inicialmente sólo por debajo del brazo, pero gradualmente comenzaron a lanzar por arriba.

Aunque desde 1858 se cobró admisión en los juegos y pronto los peloteros comenzaron a cobrar por jugar, no fue sino en 1871 que se reconoció el carácter profesional del juego. Al comienzo del béisbol profesional había muchas apuestas y arreglo de juegos (como pasó luego en 1919).

En 1872 se regularon el tamaño y el peso de la pelota, reglas todavía vigentes (aunque en 1910 se estableció el centro de corcho). El conteo de bolas, *strikes* y *fouls* fue variando hasta que en 1889 se establecieron las reglas actuales. En 1895 se adoptó la regla del *infield fly*.

Ya para los primeros años del siglo XX las condiciones del juego eran casi idénticas a las actuales, aunque en ese siglo se aumentó y luego se disminuyó la altura de la lomita del *pitcher* y se modificó la zona de *strike*, además de establecerse desde 1959 las dimensiones mínimas de los nuevos parques de béisbol (325'- 400'- 325'). Otro cambio importante, aunque solo en efecto en la Liga Americana, una de las dos grandes ligas de béisbol profesional en los Estados Unidos, fue el establecimiento en 1973 de la regla del bateador designado, que batea en lugar del *pitcher*.

En el siglo XX fueron mejorando progresivamente los guantes y las superficies del terreno, lo que ha hecho disminuir significativamente el número de errores por juego, pero también se generalizó, sobre todo en la década de 1990, el uso de esteroides para lograr mejor rendimiento, que pronto fueron prohibidos, pero apenas en 2003 se comenzaron a realizar pruebas para detectar su uso y sancionarlo. Estos y otros cambios en la evolución del béisbol hacen muy difíciles las comparaciones entre distintas épocas. Para comparar jugadores es necesario tomar en cuenta tanto su desempeño en relación con los jugadores de sus respectivas épocas como factores tales como el tamaño de la zona de *strike*, la altura del montículo de pitcheo, las dimensiones de los estadios y las características de los bates, las pelotas y los guantes, entre muchos otros.

De ser un deporte casi exclusivamente estadounidense, el béisbol se juega actualmente en muchos países de varios continentes, pero sobre todo en el área del Caribe (Cuba, República Dominicana, Puerto Rico, México, Venezuela, Colombia, Panamá, etc.), Canadá, Japón y Corea del Sur.

LAS ESTADÍSTICAS DEL BÉISBOL

En el béisbol se hace mucho uso de las estadísticas para evaluar el desempeño de los jugadores y de los equipos. Hay estadísticas que han sido utilizadas desde hace mucho tiempo para juzgar la actuación de los peloteros, entre ellas el promedio de bateo, los jonrones y las carreras empujadas para la ofensiva, los juegos ganados, la efectividad y los ponches para el pitcheo y el promedio de fildeo para la defensiva. Para el desempeño de los equipos se utilizan también estadísticas similares, como el promedio de bateo, la efectividad en el pitcheo y el promedio de fildeo colectivos.

Aunque esas estadísticas tienen cierto valor, en las últimas décadas, principalmente desde la óptica de *sabermetrics*, se ha venido cuestionando su significación y se han propuesto estadísticas diferentes. El encuentro de este nuevo enfoque con el que podríamos llamar tradicional no ha sido nada fácil, pero poco a poco parecen irse imponiendo los criterios del enfoque moderno.

Aunque no hay un consenso total sobre cuáles son las mejores estadísticas e incluso se suele considerar necesario utilizar varias estadísticas para apreciar mejor la actuación de un bateador, de un pitcher o de un jugador a la defensiva, se suele aceptar generalmente lo siguiente:

- La mejor estadística para evaluar el rendimiento ofensivo de un bateador o de un equipo es el OPS (*On-base Percentage and Slugging*). El OPS es la suma del OBP (*On-Base Percentage*) y el SLG (*Slugging*) y toma en cuenta los turnos al bate, sencillos, dobles, triples, jonrones, boletos, golpeados por el pitcher y *flys* de sacrificio. Un OPS superior a 900 es considerado excelente. Se ha propuesto un OPS ajustado u OPS+, que ajusta el OPS en función de las características de los estadios y del promedio de OPS alcanzado por los bateadores de la liga. Un OPS+ igual a 100 significa que es un bateador promedio y superior a 140 es considerado excelente.

- La mejor estadística para evaluar la calidad de un pitcher es probablemente su efectividad o ERA (*Earned Run Average*), que mide el número de carreras limpias permitidas por el *pitcher* cada nueve innings (una carrera limpia es una carrera anotada sin errores defensivos). Un ERA inferior a 2.5 es considerado excelente, así como un ERA ajustado o ERA+ superior a 130 (un ERA+ de 100 significa que se trata de un pitcher con efectividad promedio).

- La mejor estadística para evaluar la calidad defensiva de un jugador es probablemente el DRS (*Defensive Runs Saved*), que mide el número de carreras evitadas por un jugador en relación con las que evitaría un jugador promedio. El DRS es una estadística acumulativa, es decir aumenta con el número de juegos jugados, y para una temporada completa un DRS superior a 20 es considerado excelente y entre 10 y 20 es un rendimiento muy bueno.

- Se han tratado de establecer medidas integrales para evaluar el desempeño de un jugador de posición o de un pitcher y la más empleada actualmente es el WAR (*Wins Above Replacement*), que mide el número de victorias a las que contribuye el jugador en comparación con la contribución que haría un jugador de reemplazo (un prospecto o un agente libre). No existe consenso sobre como medir los WAR y hay por lo menos tres sistemas distintos; sin embargo, en cualquier sistema para una temporada completa más de 10 WAR es algo excepcional y entre 4 y 10 WAR es un rendimiento muy bueno.

ESTRATEGIAS DE JUEGO

El *manager,* asistido por sus *coaches*, es el responsable de las estrategias de su equipo; es decir, de las decisiones que se toman para tratar de ganar cada juego.

Algunos analistas consideran que la decisión más importante que debe tomar un *manager* es la selección del *pitcher* que debe iniciar el juego y luego el cambio de *pitchers* a lo largo del juego. Estas decisiones se basan en varios factores, entre ellos la rotación u orden normal de actuación que se establezca para los *pitchers* abridores, el estado físico y emocional de cada *pitcher,* las características de los bateadores del equipo contrario, la situación del juego, el número de lanzamientos efectuados por el *pitcher*, la especialidad del *pitcher* (relevo largo, relevo intermedio, dominio de bateadores zurdos o derechos, *set up* o pitcher del octavo *inning*, cerrador o *pitcher* del noveno inning, etc.).

Aunque las decisiones sobre los *pitchers* son muy importantes, estas no son las únicas decisiones estratégicas que deben tomar los managers. Aparte del pitcher, por ejemplo, es muy importante también definir quién debe estar en el *lineup*, dependiendo del estado físico o emocional de cada jugador, su capacidad de batearle al pitcher contrario, etc. Una vez que se defina quien debe estar en el *lineup* sigue la decisión del orden al bate, aunque algunos analistas no le dan demasiada importancia a esta decisión. En general, el tercer bateador será el mejor bateador del equipo, el primero y el segundo deben ser rápidos y capaces de embasarse con frecuencia, el cuarto y el quinto deben ser bateadores de poder y del sexto en adelante se ordenarán por su rendimiento ofensivo (de mayor a menor). Algunos managers tratan de alternar bateadores zurdos con bateadores derechos, otros prefieren que el noveno bateador no sea el peor bateador del equipo sino uno parecido al primero.

Otras decisiones que deben tomar los *managers* se refieren a ordenar toques de bola o robos de base; sin embargo, estas decisiones se consideran usualmente demasiado riesgosas y se recomienda tomarlas con mucha prudencia, generalmente solo si son inevitables, como el toque de bola del pitcher para avanzar un corredor con menos de dos *outs*, o si el riesgo es bajo, como el robo de base de un corredor muy hábil frente a un *pitcher* y/o un *catcher* no muy efectivos para evitar el robo.

También se toman decisiones sobre bateadores emergentes, pero en general los bateadores se comportan mejor como abridores que como emergentes, por lo que un bateador emergente tiene que ser mucho mejor que el bateador al que reemplaza.

Cuando el equipo está a la defensiva, el *manager* puede ordenar un boleto intencional. Sin embargo, un boleto intencional es una concesión excesiva al equipo rival y, en general, sólo debe darse con hombres en segunda y tercera, dos *outs*, un buen bateador en el home y el pitcher o bateadores promedio detrás de él.

Por otra parte, cada vez con mayor frecuencia se ordenan los *shifts* o desplazamientos defensivos, para tratar de ajustar la defensa a las características de cada bateador. En general, los bateadores derechos tienden a batear más hacia el lado izquierdo del campo y los zurdos hacia el derecho, pero hay bateadores que batean en todas las direcciones y algunos son muy hábiles y capaces de batear en contra del esquema defensivo que le presenten. A pesar de esas posibles fallas y de la incertidumbre propia del bateo, los *shifts* funcionan usualmente y por eso son utilizados regularmente.

Tomando en cuenta el número de juegos ganados, los diez mejores *managers* en la historia del béisbol son, en orden cronológico, los siguientes:

- Connie Mack (1894- 1950)

- John McGraw (1899- 1932)

- Joe McCarthy (1919- 1950)

- Bucky Harris (1924- 1956)

- Leo Durocher (1939- 1973)

- Walter Alston (1954- 1976)

- Sparky Anderson (1970- 1995)

- Joe Torre (1977- 2010)

- Bobby Cox (1978- 2010)

- Tony La Russa (1979-2011)

Algunos de estos grandes *managers* dejaron frases que hacen parte del acervo del béisbol:

- "Después de todos mis años, hay dos cosas a las que nunca me he acostumbrado: regatear con un jugador sobre su contrato y decirle a un muchacho que tiene que regresar a las ligas menores" (Connie Mack)

- "Con mi equipo yo soy un zar absoluto. Mis hombres lo saben. Yo ordeno las jugadas y ellos obedecen. Si no lo hacen, los multo" (John McGraw)

- "Si uno no gana, será despedido. Si uno gana, solamente está posponiendo el día en el que será despedido" (Leo Durocher)

- "El béisbol es un juego simple. Si el *manager* tiene buenos jugadores y los mantiene en un buen estado mental, entonces el *manager* es exitoso" (Sparky Anderson)

LA ÉPOCA DE TY COBB Y WALTER JOHNSON (1907-1919)

Hubo muy buenos jugadores en el siglo XIX y algunos de ellos están en el Salón de la Fama, pero quizás el primer gran pelotero moderno fue Cy Young, el pitcher con más juegos ganados en la historia del béisbol (511). Young, nacido en Ohio en 1867, jugó en las grandes ligas entre 1890 y 1911 y lanzó para varios equipos. Young estuvo a caballo entre el béisbol antiguo y el moderno, ganando 288 juegos en el siglo XIX y 223 en el siglo XX.

Otro gran jugador de los inicios del béisbol moderno fue Honus Wagner, nacido en Pensilvania en 1874, quien es considerado el mejor *short stop* de la historia y jugó entre 1897 y 1917, casi siempre con los Piratas de Pittsburgh. Sin embargo, la primera gran superestrella del béisbol fue Ty Cobb, nacido en Georgia en 1886, quien jugó en las grandes ligas entre 1905 y 1928.

Ty Cobb, "El Melocotón de Georgia" (*The Georgia Peach*), jugó siempre como *centerfielder* de los Tigres de Detroit y entre 1907 y 1919 fue reconocido como el mejor bateador en las grandes ligas. Sus mejores temporadas fueron entre 1909 y 1912, aunque tuvo otra gran temporada en 1917. Cobb jugaba de manera muy agresiva y no le importaba llevarse por delante o hasta causarle daño a un jugador del equipo contrario, por lo que no gozaba de mucha simpatía entre los demás peloteros. Incluso tuvo una relación complicada con su compañero de equipo de muchos años, Sam Crawford, seis años mayor que él, quien además jugaba a su lado, en el *rightfield,* y le seguía en el orden al bate. No obstante, Cobb fue un excelente jugador e impuso muchos récords, entre los que sobresale todavía el de mejor promedio de bateo de por vida (366). En siete temporadas bateó más de 200 *hits* y fue doce veces líder en promedio de bateo en la Liga Americana. Babe Ruth dijo de él: "Cobb es un idiota. Pero seguro que puede batear. Dios Todopoderoso, ese hombre puede batear".

Walter Johnson, nacido un año después que Cobb en Kansas, comenzó a jugar en las grandes ligas en 1907, donde permaneció hasta 1927, lanzando siempre para los Senadores de Washington. Es considerado el mejor *pitcher* de la historia y entre 1910 y 1919 tuvo sus mejores temporadas. Uno de los pocos bateadores que logró hacerlo bien ante Johnson fue precisamente Ty Cobb, quien tuvo un promedio de bateo contra él de 366, exactamente su promedio de bateo de por vida. Se dice que Cobb al principio se impresionó por la velocidad de los lanzamientos de Johnson y dijo de él "Solo velocidad, velocidad bruta, velocidad cegadora, demasiada velocidad"; pero se dio cuenta de que Johnson tenía miedo de lastimar a un bateador, por lo que decidió acercarse mucho al *home* cada vez que lo enfrentaba, limitando entonces la capacidad de Johnson para ponerlo *out*.

Johnson, "El Gran Tren" (*The Big Train*), fue un pitcher extremadamente resistente, al punto de lanzar más de 300 innings durante nueve temporadas consecutivas. Además, doce veces ganó más de 20 juegos y en doce temporadas fue líder en ponches de la Liga Americana. Al contrario de Cobb, se distinguió por sus buenos modales y espíritu deportivo.

En la época de Cobb y Johnson, aparte de ellos y de Wagner, sobresalieron otros peloteros, entre ellos: los segunda base Eddie Collins, quien jugó para los Atléticos de Philadelphia y luego para los Medias Blancas de Chicago, y Nap Lajoie, quien jugó para los Phillies de Philadelphia y luego para otros equipos; el *centerfielder* Tris Speaker, de los Medias Rojas de Boston y luego de los Indios de Cleveland; y los *pitchers* Pete Alexander, de los Phillies de Philadelphia y luego de los Cachorros de Chicago, y Christy Mathewson, de los Gigantes de Nueva York.

En esos tiempos, desde 1905, comenzó a actuar el *umpire* Bill Klem a quien la Sociedad para la Investigación del Béisbol en América (SABR) escogió como el mejor árbitro que ha tenido el béisbol. Klem fue muy respetado por su dignidad y profesionalismo, así como por su buen juicio. Fue el primero en utilizar señales detrás del plato, vestir un

chaleco protector y colocarse al lado del *catcher*.
Sabía imponer su autoridad y, en una oportunidad en
la que se discutió una de sus decisiones, dijo:
"Caballeros, él fue *out* porque yo dije que fue *out*.
Tuvo una larga carrera como *umpire* y se retiró en
1941, a los 67 años.

LA ÉPOCA DE BABE RUTH (1919-1934)

1919 fue un año de grandes contrastes en la historia del béisbol. Por una parte, ocho jugadores de los Medias Blancas de Chicago se dejaron sobornar por la mafia organizada para perder la serie mundial ante los Rojos de Cincinnati. Este suceso, conocido como el Escándalo de los Medias Negras, casi acabó con el prestigio de este deporte. Pero, por otro lado, Walter Johnson y Pete Alexander tuvieron otra de sus grandes temporadas y, sobre todo, surgió una nueva superestrella, Babe Ruth, considerado el mejor bateador de todos los tiempos.

Babe Ruth, nacido en Baltimore en 1895, había iniciado su carrera en las grandes ligas en 1914 como pitcher de los Medias Rojas de Boston y en 1919 comenzó a jugar como *rightfielder*, para aprovechar su gran capacidad ofensiva. Ruth impuso entonces un récord de jonrones en una temporada, con 29, superando la marca de 27 que habían establecido Harry Stovey y Ned Williamson en 1883 y 1884, respectivamente.

Al año siguiente, 1920, Ruth fue cambiado de los Medias Rojas de Boston a los Yankees de Nueva York, considerado el peor cambio que ha hecho el equipo de Boston. A partir de allí, Ruth inició una larga carrera con los Yankees, que se prolongó hasta 1934, convirtiéndose en un gran ídolo que hizo renacer el aprecio por el béisbol en los Estados Unidos.

Ruth, el "Sultán del Poder" (*Sultan of Swat*), es conocido principalmente por haber bateado 60 jonrones en 1927 y dejar una marca de por vida de 714 jonrones, que permaneció vigente hasta 1974, cuando fue superada por Hank Aaron. Pero Ruth tuvo además el mejor OPS en la Liga Americana durante trece temporadas y ayudó a su equipo a llegar diez veces a la serie mundial, ganando siete de ellas. Ruth conserva todavía el primer lugar de por vida en *slugging* (690*)* y en OPS (1164). Bill Dickey, *catcher* de su equipo, dijo de él: "Él batea más duro y más lejos que cualquier otro hombre que yo haya visto".

Su mejor temporada fue la de 1923, pero nueve veces superó los 10 WAR y dieciséis veces los 4 WAR. Fue doce veces líder en jonrones en la Liga Americana y ocho veces en carreras anotadas.

En la época de Ruth destacaron otros peloteros, entre ellos: Rogers Hornsby, considerado el mejor segunda base de todos los tiempos, quien jugó principalmente para los Cardenales de San Luis; Lou Gehrig, compañero de equipo de Ruth, reconocido como el mejor primera base de la historia; Mel Ott, *rightfielder* de los Gigantes de Nueva York; y los *pitchers* Lefty Grove, de los Atléticos de Philadelphia y luego de los Medias Rojas de Boston, y Dazzy Vance, quien jugó sobre todo con los Robins de

Brooklyn (transformados después en los Dodgers de Brooklyn).

En esa época actuó también Adolfo Luque, quien nació en La Habana (Cuba) en 1890 y debutó en 1914 con los Bravos de Boston. No fue el primer pelotero latino en las grandes ligas, pero si el primero en sobresalir. La mayor parte de su carrera la hizo con los Rojos de Cincinnati. Ganó 10 o más juegos durante diez temporadas consecutivas y en 1923 fue el mejor *pitcher* de las grandes ligas, superando entre otros a Walter Johnson, Pete Alexander y Dazzy Vance. Fue además el *pitcher* con mejor efectividad (ERA) en el periodo 1920-1925.

LAS LIGAS NEGRAS (1920-1948)

Aunque en la década de 1870 algunos jugadores negros pudieron participar en el incipiente béisbol profesional, pronto se impuso el racismo prevaleciente en la época y los negros no pudieron seguir jugando junto con los blancos. En la década de 1880 se comenzaron a organizar ligas de béisbol de peloteros negros, pero no fue hasta 1920 que se crearon las llamadas Ligas Negras, que se mantuvieron hasta 1948.

Esta tabla muestra los mejores jugadores de las Ligas Negras y de las Grandes Ligas en la década de 1930:

POSICIÓN	LIGAS NEGRAS	GRANDES LIGAS
Pitcher	Satchel Paige	Lefty Grove
Catcher	Josh Gibson	Bill Dickey
Primera base	Buck Leonard	Jimmie Foxx
Segunda base	Rev Cannady	Charlie Gehringer
Short stop	Willie Wells	Arky Vaughan
Tercera base	Ray Dandridge	Stan Hack Harlond Clift
Outfielders	Oscar Charleston Turkey Stearns Cool Papa Bell	Mel Ott Paul Waner Earl Averill

Es muy difícil comparar estos peloteros, pues apenas realizaron unos pocos juegos amistosos entre ellos. Sin embargo, con la información disponible se puede afirmar que al menos Satchel Paige, Josh Gibson, Ray Dandridge y Oscar Charleston fueron comparables a los mejores de grandes ligas en su época. De ellos, el único que pudo jugar en las grandes ligas fue Satchel Paige y lo hizo después de 1948, cuando tenía más de 41 años, pero aun así logró ganar 12 juegos a los 45 y, además, participó en los juegos de las estrellas de 1952 y 1953.

El primer negro que pudo jugar en las grandes ligas fue Jackie Robinson, quien lo hizo como segunda base de los Dodgers de Los Angeles a partir de 1945, casi veinte años antes de la promulgación de la Ley de Derechos Civiles en los Estados Unidos, que prohibió la discriminación con base en la raza o el color. Pero la admisión de peloteros negros en otros equipos fue muy gradual. Las Ligas Negras se mantuvieron hasta 1948, aunque todavía no se había generalizado la contratación de peloteros negros en las grandes ligas. Jackie Robinson tuvo una buena carrera en las grandes ligas, pero el primer pelotero negro que llegaría a ser una estrella en esas ligas fue Willie Mays, quien debutó en 1951.

LA ÉPOCA DE TED WILLIAMS Y STAN MUSIAL (1939-1953)

En 1939 debutó Ted Williams en las grandes ligas. Williams, nacido en California en 1918, fue uno de los mejores bateadores de todos los tiempos. Su carrera fue muy singular, pues durante tres años la dejó para servir en la Segunda Guerra Mundial. Williams era apenas un joven de 24 años, entrando en la plenitud de sus condiciones como pelotero, pero esa ausencia no le hizo ningún daño y regresó a las grandes ligas en 1946, jugando tan bien o mejor que antes. En 1952 y 1953 tambien abandonó parcialmente las grandes ligas, para participar en la guerra de Corea. Su carrera se extendió hasta 1960, cuando tenía 41 años.

Ted Williams, "La Astilla Magnífica" (*The Splendid Splinter*), jugó durante toda su carrera con los Medias Rojas de Boston, principalmente como *leftfielder*. Participó en 19 Juegos de las Estrellas y en dos temporadas (1946 y 1949) fue elegido el Jugador Más Valioso (MVP) en la Liga Americana. Su OPS de por vida (1116) y su OPS+ (191) son superados solo por los de Babe Ruth (1164 y 206, respectivamente) y su promedio de bateo (344) es uno de los diez mejores en la historia del béisbol. Fue diez veces líder en OPS en la Liga Americana y seis veces líder en promedio de bateo. El *pitcher* Bobby Shantz dijo de él:

"¿Me dijeron cómo lanzarle a Ted Williams? Seguro que lo hicieron. Fue un gran consejo, muy alentador. Dijeron que no tenía debilidad, que no trataba de batear ninguna pelota mala, que tenía los mejores ojos en el negocio y que podía matarte con un solo golpe. No bateará nada malo, pero no le des nada bueno".

Dos años después que Ted Williams, en 1941, debutó Stan Musial, otra gran superestrella del béisbol, nacido en 1920 en Pensilvania. Musial, conocido como "Stan el Hombre" (*Stan the Man*), jugó durante toda su carrera con los Cardenales de San Luis, principalmente en la primera base, pero también en todas las posiciones del *outfield*. Se mantuvo activo hasta 1963, a los 42 años.

Al igual que Ted Williams, Stan Musial fue también un gran bateador, siete veces líder en la Liga Nacional en OPS y siete veces también líder en promedio de bateo. Participó en 24 juegos de las estrellas y fue tres veces el Jugador Más Valioso en la Liga Nacional (en 1943, 1946 y 1948). El famoso narrador Harry Caray dijo de él: "Miren bien, fanáticos. Recuerden el *swing* y la postura. No volveremos a ver nada igual".

Aunque es difícil compararlos, ya que jugaron en ligas diferentes, se puede decir que Williams fue mejor que Musial hasta 1947, al menos en los años en los que jugaron ambos, mientras que Musial fue mejor a partir de 1948.

En la época de Williams y Musial sobresalieron también: el *short stop* Lou Boudreau, quien jugó casi toda su carrera con los Indios de Cleveland; Joe DiMaggio, *centerfielder* de los Yankees de Nueva York; y los *pitchers* Hal Newhouser, de los Tigres de Detroit, Bob Feller, de los Indios de Cleveland, y Warren Spahn, de los Bravos de Boston y luego de los Bravos de Milwaukee.

En 1950 debutó el venezolano Alfonso "Chico" Carrasquel como *short stop* de los Medias Blancas de Chicago. Carrasquelito nació en Caracas (Venezuela) en 1926 y tuvo una carrera corta, pero brillante, en las grandes ligas. Fue, junto a Phil Rizzuto, de los Yankees de Nueva York, el mejor *short stop* entre 1950 y 1955 y asistió a cuatro juegos de las estrellas, alternando con Williams, Musial y Spahn, así como con Mickey Mantle, Whitey Ford, Al Kaline y Hank Aaron.

LA ÉPOCA DE WILLIE MAYS Y MICKEY MANTLE (1954-1966)

Aunque Ted Williams y Stan Musial siguieron activos hasta 1960 y 1963, respectivamente, algunas veces en plan estelar, fueron superados a partir de 1954 por dos nuevas superestrellas: Willie Mays y Mickey Mantle.

Willie Mays, nacido en Alabama en 1931, debutó en 1951 en las grandes ligas con los Gigantes de Nueva York, transformados más tarde en Gigantes de San Francisco. Mays es considerado el mejor *centerfielder* de todos los tiempos. Fue el Novato del Año en la Liga Nacional en 1951, participó en 24 juegos de las estrellas y recibió dos veces el premio al Jugador Más Valioso (MVP) en la Liga Nacional (1954 y 1965). Además, ganó 12 veces el premio del Guante de Oro; una atrapada que hizo en 1954, corriendo de espaldas a la bola, permanece como una de las grandes jugadas defensivas de la historia, recibiendo este comentario de Fresco Thompson, ejecutivo de los Dodgers: "Willie Mays y su guante. Donde los triples van a morir".

Mays (*The Say Hey Kid*) fue nueve veces líder en WAR en la Liga Nacional, 5 veces en OPS y 4 veces en jonrones. Su promedio al bate de por vida fue de 302. Fue además líder en bases robadas en cuatro temporadas consecutivas y 15 veces estuvo entre los

10 mejores *centerfielders* en promedio de fildeo. Se retiró en 1973, a los 42 años.

Mickey Mantle nació en Oklahoma en 1931, unos cinco meses después que Willie Mays. Al igual que él debutó en las grandes ligas en 1951, pero lo hizo con los Yankees de Nueva York, el único equipo para el que jugó durante toda su carrera, hasta su retiro en 1968, a los 36 años. Fue el líder de los Yankees y los ayudó a ganar siete series mundiales.

Mantle, también un gran *centerfielder* como Mays, tuvo un comienzo espectacular en su carrera, pero a partir de 1963, a los 31 años, comenzó a declinar abruptamente, agotado por las lesiones en las piernas que le afectaron siempre. A pesar de haber jugado en condiciones físicas adversas, Mantle participó en 20 juegos de las estrellas y recibió tres veces el premio al Jugador Más Valioso (MVP) de la Liga Americana (1956, 1957 y 1962). Nellie Fox, segunda base de los Medias Blancas de Chicago, dijo de él: "Con dos piernas, Mickey Mantle hubiese sido el mejor jugador de la historia".

Mantle fue seis veces líder en OPS en la Liga Americana, cinco veces líder en carreras anotadas y cuatro veces en jonrones. Su promedio de bateo de por vida fue 298. Mantle fue mejor que Mays en los seis primeros años de sus carreras, hasta 1957, cuando ambos tenían 26 años, pero a partir de allí Mays fue superior.

En la época de Mays y Mantle destacaron también: los *outfielders* Hank Aaron, de los Bravos de Milwaukee y luego Bravos de Atlanta, Frank Robinson, de los Rojos de Cincinnati y luego de los Orioles de Baltimore, y Al Kaline, de los Tigres de Detroit; el tercera base Eddie Mathews, de los Bravos de Milwaukee; y los *pitchers* Sandy Koufax y Don Drysdale, ambos de los Dodgers de Brooklyn luego Dodgers de Los Angeles, Jim Bunning, de los Tigres de Detroit y luego de los Phillies de Philadelphia, y Whitey Ford, compañero de Mantle en los Yankees.

Entre los jugadores latinos de esa época sobresalieron Roberto Clemente, Luis Aparicio y Juan Marichal:

- Roberto Clemente nació en Carolina (Puerto Rico) en 1934 y debutó en 1955 con los Piratas de Pittsburgh, equipo en el que permaneció durante toda su carrera. Bateó 3000 hits y en cuatro temporadas superó los 200 hits. Fue a 15 juegos de las estrellas y ganó 12 guantes de oro. Fue el Jugador Más Valioso (MVP) de la Liga Nacional en 1966, superando entre otros a Willie Mays, Hank Aaron y Sandy Koufax. Es considerado uno de los seis mejores *rightfielders* en la historia.

- Luis Aparicio nació en Maracaibo (Venezuela) en 1934 y debutó en 1956 con los Medias Blancas de Chicago, equipo para el que jugó hasta 1962. Fue el novato del año en 1956. Fue líder en bases robadas en la Liga Americana durante nueve temporadas consecutivas. Es el 2º *short stop* con más asistencias en la historia de las grandes ligas. Fue a 13 juegos de las estrellas y ganó 9 guantes de oro. Conformó junto a Nellie Fox, segunda base, una de las tres mejores combinaciones de *double plays* de todos los tiempos.

- Juan Marichal nació en Laguna Verde (República Dominicana) en 1937 y debutó en 1960 con los Gigantes de San Francisco, equipo para el que jugó durante casi toda su carrera, junto a Willie Mays. En 6 temporadas ganó más de 20 juegos. Fue a 10 juegos de las estrellas y fue el jugador más valioso en el juego de las estrellas de 1965.

Otro pelotero latino que inició su carrera en esa época fue Víctor Davalillo ("Vitico"). Davalillo nació en Cabimas (Venezuela) en 1939 y debutó en 1963 con los Indios de Cleveland. Es considerado el mejor jugador que ha actuado en la Liga Venezolana de Béisbol Profesional (LVBP), pero en las grandes ligas no tuvo la misma suerte, posiblemente por su indisciplina; sin embargo, logró permanecer 16 años en ellas. En 1964 fue el líder entre los *centerfielders* de la Liga Americana en promedio de fildeo y double plays y recibió el guante de oro. En 1965, que fue su mejor temporada, participó en el juego de las estrellas como *centerfielder* de la Liga Americana (su suplente era Mickey Mantle y el titular de esa posición en la Nacional era Willie Mays); además, el pitcher contrario era Juan Marichal y en el juego participaron, entre otros, Hank Aaron, Frank Robinson, Al Kaline, Roberto Clemente, Sandy Koufax y Bob Gibson. Estuvo en cuatro series mundiales, resultando campeón dos veces (con los Piratas de Pittsburgh en 1971 y con los Atléticos de Oakland en 1973). Su promedio de bateo de por vida fue de 279, en tres temporadas tuvo un promedio de bateo superior a 300, en dos ocasiones bateó más de 150 hits y siete veces bateó más de 100 hits.

LA ÉPOCA DE JOE MORGAN, TOM SEAVER Y MIKE SCHMIDT (1967-1984)

Joe Morgan nació en Texas en 1943 y debutó en 1963 con los Colts de Houston. Su progreso en Houston fue relativamente lento, pero al cambiarse para los Rojos de Cincinnati, entre 1972 y 1976, es decir entre los 28 y los 32 años, destacó como uno de los mejores peloteros de las grandes ligas. Jugó hasta 1984, a los 40 años. Es considerado uno de los cuatro mejores segunda base en la historia del béisbol, junto a Rogers Hornsby, Eddie Collins y Nap Lajoie.

Morgan participó en 10 juegos de las estrellas y recibió dos veces el premio al Jugador Más Valioso de la Liga Nacional, en 1975 y 1976. Ganó, además, cinco guantes de oro. Fue tres veces líder en promedio de fildeo entre la segunda base de la Liga Nacional. Ayudó a su equipo, los Rojos de Cincinnati, a ganar dos veces la serie mundial, en 1975 y 1976. Los Rojos dominaron la Liga Nacional durante la década de 1970, recibiendo el apodo de "la maquinaria roja".

Tom Seaver nació en 1944 en California y debutó en 1967 en las grandes ligas, con los Mets de Nueva York, equipo para el que jugó hasta 1977. Luego jugó en otros equipos hasta su retiro en 1986, a los 41 años.

Seaver es uno de los pocos *pitchers* contemporáneos que ha ganado más de 300 juegos (311). Fue el Novato del Año en la Liga Nacional en 1967. Cinco veces ganó más de 20 juegos, también cinco veces fue líder en ponches en la Liga Nacional, participó en 12 juegos de las estrellas y tres veces recibió el premio Cy Young al mejor pitcher de la Liga Nacional (1969, 1973 y 1975). Es el 7º mejor pitcher en WAR en la historia del béisbol. El *manager* Sparky Anderson dijo de él: "Mi idea de dirigir es darle la bola a Tom Seaver, sentarme y verlo trabajar".

Mike Schmidt nació en 1949 en Ohio y debutó en 1972 con los Phillies de Philadelphia, equipo para el que jugó durante toda su carrera hasta su retiro en 1989, a los 39 años. Schmidt es considerado la mejor tercera base en la historia del béisbol. Además de ser un excelente defensor de esa posición, ganando 10 guantes de oro, fue un buen bateador. Cinco veces fue el líder en OPS en la Liga Nacional, terminando su carrera con un promedio de 908 (148 en OPS+). Fue ocho veces líder en jonrones en la Liga Nacional. Schmidt fue siempre muy modesto y en una oportunidad declaró: "Cada vez que uno piensa que ha conquistado el juego, el juego se voltea y te golpea directo en la nariz".

En la época de Morgan, Seaver y Schmidt sobresalieron además Johnny Bench, considerado el mejor *catcher* de todos los tiempos y compañero de

Morgan en los Rojos de Cincinnati; Carl Yastrzemski, *leftfielder* de los Medias Rojas de Boston; y los *pitchers* Bob Gibson, de los Cardenales de San Luis, Steve Carlton, compañero de Schmidt en Philadelphia, y Gaylord Perry, quien jugó para los Indios de Cleveland y para otros equipos.

Entre los jugadores latinos de esa época destacaron Luis Tiant, Tony Pérez, Rod Carew y David Concepción:

- Luis Tiant nació en Marianao (Cuba) en 1940 y debutó en 1964 con los Indios de Cleveland. En cuatro temporadas ganó 20 juegos o más. Fue el mejor *pitcher* de las grandes ligas en 1968. Fue a 3 juegos de las estrellas y en 1975 recibió el premio Babe Ruth por el mejor desempeño en la postemporada.

- Tony Pérez nació en Camagüey (Cuba) en 1942 y debutó en 1964 con los Rojos de Cincinnati, junto a Joe Morgan y Johnny Bench. Fue a 7 juegos de las estrellas y fue el más valioso en el juego de 1967. En 1980 recibió el premio Lou Gehrig por su espíritu y carácter dentro y fuera del campo.

- Rod Carew nació en Gatún (Panamá) en 1945 y debutó en 1967 con los Mellizos de Minnesota. Fue el novato del año en 1967. En siete temporadas tuvo el mejor promedio de bateo en la Liga Americana. Fue a 18 juegos de las estrellas y fue el Jugador Más Valioso (MVP) de la Liga Americana en 1977

- David Concepción nació en Ocumare de la Costa (Venezuela) en 1948 y debutó en 1970 con los Rojos de Cincinnati, equipo para el que jugó durante toda su carrera. Fue un buen short stop defensivo y recibió 5 guantes de oro. Participó en cuatro series mundiales, de las cuales ganaron dos (1975 y 1976). Fue a 9 juegos de las estrellas y en el de 1982 fue el jugador más valioso. Se retiró en 1988 a los 40 años y hasta 1984 fue compañero de llave de Joe Morgan alrededor de la segunda base, realizando juntos más de 1000 *double plays*; esa combinación es considerada una de las tres mejores de la historia, junto a las de Luis Aparicio y Nellie Fox (Medias Blancas de Chicago, 1972- 1979) y Alan Trammell y Lou Whitaker (Tigres de Detroit, 1978- 1991).

LA ÉPOCA DE ROGER CLEMENS, BARRY BONDS, GREG MADDUX Y RANDY JOHNSON (1986-2004)

Roger Clemens nació en Ohio en 1962 y debutó en 1984 con los Medias Rojas de Boston. Estuvo con ese equipo hasta 1996 y luego jugó para otros equipos hasta su retiro en 2007, a los 44 años. "El Cohete" (*The Rocket*) ganó 354 juegos, fue siete veces líder en efectividad (ERA) y cinco veces líder en ponches. Participó en 11 juegos de las estrellas, recibió el premio al Jugador Más Valioso (MVP) de la Liga Americana en 1986 y ganó siete veces el premio Cy Young (en 1986, 1987, 1991, 1997, 1998, 2001 y 2004). Es el 3º mejor *pitcher* en WAR. Derek Jeter, famoso *short stop* de los Yankees, dijo de él: "Roger Clemens está en otro mundo cuando está lanzando. Él está allí, pero no está allí". Aunque Clemens nunca resultó positivo en ninguna prueba de dopaje, su nombre fue mencionado en el informe Mitchell de 2007 sobre el consumo de esteroides.

Barry Bonds nació en California en 1964 y debutó en 1986 con los Piratas de Pittsburgh. En 1993 pasó a jugar con los Gigantes de San Francisco, equipo en el que permaneció hasta su retiro en 2007, a los 42 años. Durante casi toda su carrera jugó como *leftfielder*. Bonds es el bateador con más jonrones (762) en la historia del béisbol y es el 3º en OPS+ y el

4º en OPS. Fue nueve veces líder en OPS en la Liga Nacional y en ocho temporadas bateó más de 40 jonrones. Participó en 14 juegos de las estrellas y recibió siete veces el premio al Jugador Más Valioso (MVP) de la Liga Nacional (en 1990, 1992, 1993, 2001, 2002, 2003 y 2004). Aunque Bonds ha negado haber consumido sustancias prohibidas, las investigaciones han revelado muchas evidencias en su contra.

Greg Maddux nació en Texas en 1966 y debutó en 1986 con los Cachorros de Chicago. Jugó luego para varios equipos, sobre todo los Bravos de Atlanta. Se retiró en 2008, a los 42 años. Ganó 355 juegos (8º entre los pitchers con más juegos ganados) , participó en 8 juegos de las estrellas, ganó cuatro veces consecutivas el premio Cy Young de la Liga Nacional (en 1992, 1993, 1994 y 1995) y recibió 18 veces el premio del guante de oro. Es el 8º mejor *pitcher* en WAR. Se ganó el apodo de "El Profesor", por su capacidad de estudiar y enfrentar a cada bateador con lanzamientos cuidadosamente seleccionados. Maddux parecía lanzar con tanta facilidad, que el *rightfielder* Paul O'Neill comentó: "Cuando él lanza, el juego puede ser aburrido para los fanáticos. El parece que ni siquiera se estuviese esforzando".

Randy Johnson nació en 1963 en California y debutó en 1988 con los Expos de Montreal. Luego jugó para varios equipos, entre ellos los Marineros de Seattle y los Cascabeles de Arizona. Se retiró en 2009, a los 45 años. Conocido como "La Gran Unidad" (*The Big Unit*), es uno de los peloteros más altos que ha jugado en las grandes ligas (2.08 m), superado solo por Jon Rauch (2.11 m). Ganó 303 juegos y fue nueve veces líder en ponches. Participó en 10 juegos de las estrellas y recibió 5 veces el premio Cy Young (en 1995, 1999, 2000, 2001 y 2002). Es el 9º mejor *pitcher* en WAR. El *manager* Lou Piniella dijo de él: "Él es el pitcher más dominante que he visto. Ni siquiera sé quién es el segundo".

En la época de Clemens, Bonds, Maddux y Randy Johnson sobresalieron también: los *short stops* Ozzie Smith, de los Cardenales de San Luis, considerado el mejor *short stop* defensivo de la historia, y Cal Ripken Jr., de los Orioles de Baltimore; el *centerfielder* Ken Griffey Jr., de los Marineros de Seattle y luego de los Rojos de Cincinnati, y el *infielder* Álex Rodríguez, de los Rangers de Texas y luego de los Yankees de Nueva York.

Aparte de ellos, en esa época destacaron los latinos Roberto Alomar, Omar Vizquel, Iván Rodríguez, Pedro Martínez, Manny Ramírez, Mariano Rivera y Carlos Beltrán:

- Roberto Alomar nació en Ponce (Puerto Rico) en 1968 y debutó en 1988 con los Padres de San Diego. Ganó 10 guantes de oro y 4 bates de plata como segunda base en la Liga Americana. Fue a 12 juegos de las estrellas y fue el más valioso en el juego de 1988. Es el 3º segunda base con más juegos en esa posición, el 7º en asistencias y el 8º en *double plays*.

- Omar Vizquel nació en Caracas (Venezuela) en 1967 y debutó en 1989 con los Marineros de Seattle. Fue a 3 juegos de las estrellas y ganó 11 guantes de oro. Es el *short stop* con más juegos, más *double plays* y mejor promedio de fildeo en esa posición. Entre 1999 y 2001 hizo llave con Roberto Alomar alrededor de la segunda base de los Indios de Cleveland y son considerados una de las seis mejores combinaciones de *double plays* de todos los tiempos.

- Iván Rodríguez nació en Manatí (Puerto Rico) en 1971 y debutó en 1991 con los Rangers de Texas. Ganó 13 guantes de oro, fue a 14 juegos de las estrellas y fue el Jugador Más Valioso (MVP) de la Liga Americana en 1999. Es el *catcher* con más juegos y más *putouts* en esa posición y en nueve temporadas fue el líder en la Liga Americana en porcentaje de *outs* robando. Es considerado uno de los tres mejores *catchers* en la historia, junto a Johnny Bench y Gary Carter.

- Pedro Martínez nació en Manoguayabo (República Dominicana) en 1971 y debutó en 1992 con los Dodgers de Los Ángeles. Fue a 8 juegos de las estrellas y fue el más valioso en el juego de 1999. Ganó tres veces el premio Cy Young. Fue el mejor *pitcher* de las grandes ligas en 1999 y 2000, superando a Greg Maddux y Randy Johnson, entre otros.

- Manny Ramírez nació en Santo Domingo (República Dominicana) en 1972 y debutó en 1993 con los Indios de Cleveland. Fue a 12 juegos de las estrellas y fue el jugador más valioso en la serie mundial de 2004, jugando para los Medias Rojas de Boston. Ganó 9 veces el bate de plata como *outfielde*r en la Liga Americana. Su carrera se vio empañada por dos suspensiones debidas al consumo de sustancias prohibidas.

- Mariano Rivera nació en Panamá (Panamá) en 1969 y debutó en 1995 con los Yankees de Nueva York, equipo para el que jugó durante toda su carrera. Es el relevista con más juegos salvados. Fue a 13 juegos de las estrellas y fue el más valioso en el juego de 2013. Fue también el jugador más valioso en la serie mundial de 1999. Ha sido el único pelotero elegido por unanimidad en la votación para el Salón de la Fama. Es considerado el mejor pitcher relevista en la historia.

- Carlos Beltrán nació en Manatí (Puerto Rico) en 1977 y debutó en 1998 con los Reales de Kansas City. Fue el novato del año en 1999. Cuatro veces fue líder en asistencias como *centerfielder*. Ganó 3 guantes de oro y 2 bates de plata como *outfielder* en la Liga Nacional. Fue a 9 juegos de las estrellas.

LA ÉPOCA DE MIKE TROUT (2012-)

Mike Trout nació en 1991 en Nueva Jersey y debutó en 2011 con los Angelinos de Los Ángeles. Fue el Novato del Año en 2012, en la mejor temporada que ha tenido un novato en toda la historia de las grandes ligas. Ha sido tres veces el Jugador Más Valioso de la Liga Americana (2014, 2016 y 2019). Desde 2012 ha participado en todos los juegos de las estrellas, ha sido seis veces líder de la Liga Americana en OPS+ y en tres temporadas ha terminado con más de 10 WAR. Aunque parece haber alcanzado su pico en 2018, todavía se encuentra entre los mejores bateadores de las grandes ligas. Es comparable a Mickey Mantle cuando este tenía su edad. El pitcher Vernon Wells dijo de él: "Es uno de esos tipos que, cuando termines de jugar, dirás: Jugué con Mike Trout. Yo estaba allí cuando empezó".

En la época de Trout han destacado, entre otros, los *pitchers* Justin Verlander, de los Tigres de Detroit y luego de los Astros de Houston, Zack Greinke, quien ha jugado para varios equipos, Max Scherzer, quien ha lanzado para Arizona, Detroit y Washington, y Clayton Kershaw, de los Dodgers de Los Ángeles.

En esta época se han retirado, o están próximos al retiro, destacados peloteros latinos, entre ellos:

-   Ádrián Beltré nació en Santo Domingo (República Dominicana) en 1979 y debutó en 1998 con los

Dodgers de Los Ángeles. Ganó 5 guantes de oro, fue a 4 juegos de las estrellas y ganó 4 bates de plata como tercera base en la Liga Americana. Como tercera base es 2º en juegos defensivos y *double plays*, 3º en asistencias y 7º en *putouts*. Es considerado uno de los cuatro mejores tercera base en la historia, junto a Mike Schmidt, Eddie Mathews y Wade Boggs.

- Albert Pujols nació en Santo Domingo (República Dominicana) en 1980 y debutó en 2001 con los Cardenales de San Luis. Fue el novato del año en 2001 y ha sido tres veces el Jugador Más Valioso (MVP) en la Liga Nacional (en 2005, 2008 y 2009). Fue el mejor bateador de las grandes ligas en 2008 y 2009. Ha ido a 10 juegos de las estrellas y ha ganado 2 guantes de oro y 6 bates de plata. Es el 5º bateador con más jonrones de por vida y es considerado uno de los tres mejores primera base en la historia, junto a Lou Gehrig y Jimmie Foxx.

- Miguel Cabrera nació en Maracay (Venezuela) en 1983 y debutó en 2003 con los Marlins de Florida. Ha ganado dos veces el MVP de la Liga Americana, ha ido a 11 juegos de las estrellas y ha recibido 7 bates de plata. Cuatro veces ha sido líder en promedio de bateo en la Liga Americana. Ganó la triple corona de bateo en 2012. Fue comparable a Trout en bateo (OPS+) en los primeros años de este, pero partir de 2017, ya con 34 años, comenzó a declinar.

- Robinson Canó nació en San Pedro de Macorís (República Dominicana) en 1982 y debutó en 2005 con los Yankees de Nueva York. Ha participado en 8 juegos de las estrellas y ha recibido dos guantes de oro como mejor segunda base de la Liga Americana. Es considerado uno de los 10 mejores segunda base en la historia del béisbol.

Álex Rodríguez y Edgar Martínez son otros dos buenos peloteros que podrían ser incluidos en ese grupo de latinos, pero ambos nacieron en Nueva York y Álex Rodríguez ni siquiera ha vivido nunca fuera de los Estados Unidos. Álex Rodríguez, buen bateador y también buen defensor del *short stop*, es uno de los cuatro jugadores con más jonrones conectados de por vida, pero admitió haber utilizado drogas para mejorar su rendimiento.

Aunque siempre habrá buenos peloteros, el béisbol necesita resolver otros problemas, principalmente lo relativo a la duración de los juegos. Se han tomado algunas medidas en ese sentido, pero hacen falta más cambios para que los juegos duren bastante menos y atraigan más espectadores.

APÉNDICE. PRINCIPALES REGLAS DEL BÉISBOL

EL JUEGO

El objetivo del juego es anotar más carreras que el equipo contrario al final de una serie de turnos o *innings*. Cada turno de juego se llama entrada, y consta de dos fases: en la primera fase (parte alta) un equipo juega a la ofensiva, intentando anotar carreras; y en la segunda fase (parte baja) los equipos invierten los roles.

El juego consta de 9 entradas, y el equipo que anote más carreras al final será el ganador. Si ambos equipos están empatados al terminar las nueve entradas, se siguen jugando entradas adicionales, hasta que un equipo supere al otro. En algunas ocasiones, esto hace que los juegos se alarguen muchísimo.

CÓMO SE ANOTAN CARRERAS

El campo de béisbol es en esencia un cuadrado llamado cuadro o diamante. En el centro del cuadro se coloca un jugador del equipo defensivo, llamado pitcher o lanzador. Una de las esquinas del cuadro tiene en el suelo una marca especial llamada *home*, o *home plate*. A un lado del *home* se coloca un jugador del equipo a la ofensiva: el bateador.

El *pitcher* lanza una pelota hacia el home, y el bateador intentará golpearla con un bate (de madera, en las grandes ligas). El golpe debe intentar que la pelota se dirija a alguna zona válida del campo, sin que los jugadores del otro equipo puedan atraparla.

Después de batear de esta forma, el bateador suelta el bate e intentará recorrer el perímetro del cuadro, base por base. Si logra recorrerlo y llegar de nuevo al *home*, su equipo se acredita una carrera. Los jugadores del equipo a la defensiva se hallan distribuidos en el campo tratando de impedir este objetivo.

DIMENSIONES DEL CAMPO

El béisbol se juega en un campo que reglamentariamente debe estar cubierto de grama, que puede ser natural o artificial. El cuadro o diamante se delimita como un camino libre de grama, que se recorre en un cuadrado de 90 pies (27 m) de longitud en cada lado y se delimita con dos líneas trazadas con cal. En la esquina donde se ubica el bateador hay una placa pentagonal llamada *home plate*. En las otras esquinas se colocan almohadillas llamadas bases, que se numeran en sentido antihorario, desde la primera a la tercera. En ese sentido debe recorrerlas un jugador a la ofensiva cuando intenta anotar una carrera.

La línea del cuadro que va del home a la primera base, y la que va del home a la tercera base, se extienden dando al campo espacio adicional por detrás de las bases. Ese espacio más allá de las bases se llama *outfield* (también llamado jardines), mientras que a la zona del cuadro se le llama *infield*. El *outfield* y el *infield* constituyen la zona *fair* (zona válida de juego), mientras que el resto del campo se considera *foul* (zona no válida).

En las grandes ligas se establecieron en 1959 las dimensiones mínimas de los nuevos parques de béisbol: 325' (99 m)- 400' (122 m)- 325' (99 m).

NÚMERO DE JUGADORES

Nueve jugadores por equipo. Cuando el equipo está a la ofensiva, cada uno de los jugadores recibe consecutivamente una oportunidad para batear y luego anotar carrera recorriendo las bases.

Los jugadores del equipo a la defensiva se ubican en el campo, a saber:

- El lanzador o *pitcher*, quien se ubica en el centro del cuadro para realizar los lanzamientos desde una zona ligeramente elevada, que se llama montículo.

- El receptor o *catcher*, se ubica detrás del *home* para recibir los lanzamientos que el bateador falle, y para otras jugadas que lo requieran.

- Un jugador en cada base, designado por el nombre de la base que custodia: primera, segunda y tercera base.

- Entre la segunda y tercera base, un jugador adicional llamado *short stop* o paracorto.

- Tres jugadores en la extensa zona llamada outfield: son los *outfielders* o jardineros. Se designan como izquierdo (*left)*, central (*center*) y derecho (*right*), vistos desde la óptica del bateador o del *catcher*.

RESUMEN DE LAS PRINCIPALES REGLAS BÁSICAS DEL BÉISBOL

- El equipo local comienza jugando a la defensiva.

- Si un bateador falla al intentar golpear la pelota, ese fallo se contabiliza con el nombre de *strike*. Si acumula tres *strikes* en su turno, queda fuera (*out)*. Debe regresar a la banca (*dogout*) y otro jugador toma turno con el bate.

- Cuando tres jugadores a la ofensiva han sido puestos *out*, finaliza el turno ofensivo del equipo. El equipo que estaba a la defensiva pasa ahora a la ofensiva, y viceversa.

- Si el bateador no intenta golpear la pelota, y el lanzamiento pasa por una zona donde pudo haberla golpeado, el lanzamiento se contabiliza como *strike*. Si pasa fuera de esa zona, se contabiliza como bola. La apreciación de esto corre a cargo de un árbitro (llamado *umpire*) que se coloca de pie detrás del *catcher*, y cuyo dictamen es inapelable.

- Cuando el bateador acumula cuatro bolas, se le otorga el derecho de pasar a primera base y convertirse en corredor. Esto también ocurre cuando un lanzamiento del pitcher golpea al bateador, a menos que sea evidente que éste se interpuso en la trayectoria de la pelota.

- Si el bateador golpea a la pelota, y ésta cae en la zona de *foul*, la jugada no es válida. Las dos primeras veces que sucede esto, se cuenta como *strike*. Las veces subsiguientes no cuenta de ningún modo. Si un jugador defensivo atrapa la pelota antes de que toque el suelo, el bateador queda *out*.

- Si el bateador golpea a la pelota, y esta cae en la zona *fair*, se convierte en corredor: dejará el bate e intentará alcanzar la primera base. Los jugadores defensivos deben recoger la pelota e intentar tocar al corredor con ella, o en su defecto pisar la base teniendo la pelota en su poder. Si el jugador que recoge la pelota está demasiado lejos de la base, puede arrojarla a otro jugador que se halle cerca de la almohadilla para que complete la jugada. Si lo logra, el corredor estará *out*.

- En general, un corredor ofensivo queda *out* si no está pisando una base y un jugador defensivo lo toca con la pelota. O si tiene que desplazarse hacia una base y un jugador defensivo tiene la pelota y pisa esa base. El corredor tiene que desplazarse hacia la base siguiente si luego de una jugada de bateo algún corredor intenta llegar desde la base anterior a la base donde él está.

- Si el bateador golpea la pelota y un jugador defensivo la atrapa antes de tocar el suelo, quedará *out*.

- Si el bateador golpea la pelota y ésta sale del campo por encima de la cerca que está al final de este, en la zona *fair*, se decreta *home run* (jonrón o cuadrangular): el jugador puede recorrer las bases y anotar una carrera para su equipo. Si hay corredores en las bases, estos también anotan. Es importante que todos los corredores pisen las bases en el recorrido.

- Un doble por regla otorga dos bases al bateador si la pelota bateada por este, luego de caer en territorio *fair*, salta sobre la cerca del final del campo. Si había corredores en base en el momento de la jugada, estos tambien avanzarán dos bases.

- La regla del *infield fly* dispone que el bateador es *out* si, antes de que haya dos *outs* y con la primera y segunda bases ocupadas o con las bases llenas, batea una bola de aire en terreno *fair* que no sea una línea y que pueda razonablemente ser fildeada por un jugador del cuadro.

- Se decretará *balk* cuando, con corredores en base: (a) El *pitcher*, mientras está tocando su placa, hace cualquier movimiento naturalmente asociado con su lanzamiento y deja de efectuar tal lanzamiento; (b) El *pitcher*, mientras está tocando su placa, finge un tiro a primera base y deja de completar dicho tiro. La penalidad del *balk* será el avance del o los corredores que existan en ese momento.

- Si un bateador o corredor ofensivo obstaculiza la jugada de un miembro del equipo a la defensiva, el árbitro declarará interferencia. El jugador que cometió la falta es *out* y la pelota se considera muerta. En ese caso, por estar muerta la pelota, ningún corredor avanzará en la jugada. También se produce interferencia si el *catcher* impide al bateador que este pueda batear libremente. El *umpire* de *home* puede cometer interferencia cuando dificulta el intento del receptor de lanzar a alguna parte y un espectador puede cometer interferencia si altera el curso del juego de alguna forma.

- Se denomina obstrucción y no interferencia cuando un jugador defensivo impide avanzar a un corredor ofensivo. Una regla relativamente reciente prohíbe a los *catchers* (en la mayoría de los casos) bloquear el paso hacia *home plate*, es decir para anotar una carrera; el objetivo de esta regla es evitar colisiones entre receptores y corredores, para reducir también el número de lesiones.

- Ciertas decisiones de los umpires pueden ser sometidas a revisión en las grandes ligas. La revisión (*replay*) se hace a solicitud del *manager* de un equipo y la realiza el Centro de Operaciones de Repetición (ROC, por sus siglas en inglés), instalado en la ciudad de Nueva York, que determina si debe revocarse o no la decisión de un umpire, con base en la observación de los videos disponibles sobre la jugada impugnada. Son varios los casos en los que puede solicitarse una revisión, pero principalmente se hace para verificar si una pelota bateada es un jonrón o un doble por regla, si una bola pasó en zona de *fair* o de foul en las líneas del *outfield* o si un corredor fue *out* o no en una base o en el *home*.

* 9 7 9 8 6 9 6 5 4 6 3 7 7 *